CIRCO
Desdobrando memórias

Copyright do texto ©2022 Raimundo Gadelha
Copyright das ilustrações ©2022 Ken Kaneko
Copyright da edição ©2022 Escrituras Editora

Coordenação editorial: Raimundo Gadelha
Revisão: Patrícia da Silva Bireno e Bia Bernardi
Projeto gráfico: Raimundo Gadelha e Vagner de Souza
Diagramação: Vagner de Souza
Ilustrações e versão em japonês: Ken Kaneko

Dados Internacionais de Catalogação na Publicação (CIP)
Angélica Ilacqua CRB-8/7057

G12c
    Gadelha, Raimundo
      Circo : desdobrando memórias / Raimundo Gadelha; ilustrações e versão em japonês Ken Kaneko. -- São Paulo : Escrituras, 2022.
      96 p. ; il., color

    Obra bilíngue português e japonês
    ISBN 978-65-87756-23-3

    1. Poesia brasileira I. Título II. Kaneko, Ken

22-3818   CDD B869.1

Impresso no Brasil
Printed in Brazil

Grupo editorial Universo dos Livros – selo Escrituras
Avenida Ordem e Progresso, 157 – 8º andar – Conj. 803
CEP 01141-030 – Barra Funda – São Paulo/SP
Telefone/Fax: (11) 3392-3336
www.universodoslivros.com.br
e-mail: editor@universodoslivros.com.br
Siga-nos no Twitter: @univdoslivros

CIRCO
Desdobrando memórias

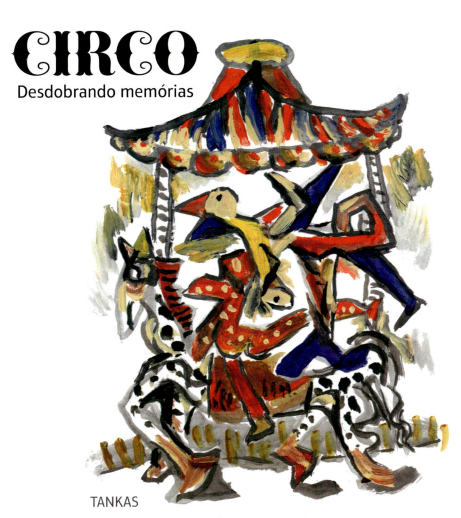

TANKAS
RAIMUNDO GADELHA

ILUSTRAÇÕES E VERSAO JAPONESA **KEN KANEKO**

escrituras
São Paulo, 2022

Aos meus pais que colocaram-me no circo maior.
Às grandes pessoas que, resistindo ao embrutecimento,
permanecem crianças.

Todos nós vamos morrer, que circo! Só isso deveria fazer com que amássemos uns aos outros, mas não faz. Somos aterrorizados e esmagados pelas trivialidades, somos devorados por nada.

Charles Bukowski

Uma ponte no tempo

O poema japonês é aquele que faz do coração a sua semente;
suas miríades palavras são as folhas que dela brotam.

(Kokinwakashû, Prefácio japonês de Ki no Tsurayuki, 905)

    Esta é a lição que Ki no Tsurayuki, o primeiro poeta a teorizar sobre a poesia japonesa, nos deixou há mais de onze séculos. Lendo os *tankas* de Raimundo Gadelha, percebo que a lição de Tsurayuki continua viva e que a poética japonesa mantém seu viço em nossa terra, sem perder sua tradicional essência.

Para Tsurayuki, o poema digno deste nome era aquele que comunicava, com palavras bem escolhidas, o sentimento genuinamente sentido. Sentimentos falsos ou afetações não se transformam em poesia – essa só se forma quando verdadeiramente sua semente está no coração. Porém, não basta sentir. Poetar, ainda segundo Tsurayuki, é lapidar seus versos, seu vocabulário, suas inflexões e ritmos – as mil folhas que darão corpo ao sentimento do poema. Raimundo Gadelha se mostra aqui um grande continuador de Tsurayuki. Em seus versos, o sentir, que é a base do *tanka*, é exposto de forma delicada, balanceada, refletida e, sobretudo, sincera.

Neste ponto, o poema abaixo é particularmente tocante:

*Eu sei, sou muitos
e cada rosto expõe
tantas pinturas...
No espelho, moldura
de concreta solidão.*

Lembrou-me, de imediato, o último poema do Livro de Inverno da antologia poética Kokinwakashû, compilada em 905, justamente por Ki no Tsurayuki:

Yuku toshi no	O ano que termina
Oshiki mo aru kana	Deixa um vazio
Masu kagami	No espelho límpido
Miru kage sae ni	Até mesmo meu reflexo
Kureno to omoeba.	Também esmaece.

Tocados pelo budismo, os poetas japoneses de antigamente sentiam profundamente a passagem do tempo e a efemeridade deste mundo. Por isso mesmo, seus poemas são como pequenas joias que congelam momentos para toda a eternidade. São poemas que se equilibram na corda bamba do fugaz e do eterno, unidos pela mão do poeta.

Quando começaram a compilar composições para suas coletâneas, os poetas japoneses da corte de Heian preocuparam-se muito com o encadeamento de cada poema. Para eles, a poesia devia ser sentida no fluxo do tempo, na coordenação de um poema anterior que deixava seus ecos e associações reverberando, assim que lido, com o poema seguinte, uma fonte de ricas e sempre novas imagens. A sequência de *tankas* que temos nesse *Circo – Desdobrando memórias* segue essa ideia fundamental da poesia japonesa, transformando o ato de leitura num processo de sempre buscar conexões e comunicações secretas e profundas entre poemas. Cores, objetos, imagens se repetem e exigem nossa atenção.

Resgatando o mundo encantado que é o circo (há quanto tempo você, leitor, não vai ao circo?), os *tankas* de Raimundo Gadelha parecem brilhar no escuro do picadeiro e nos convidam a mergulhar na solidão de cada coração que ali bate. Com vocabulário simples, mas sempre pungente, o universo do circo surge em cores vivas nestes poemas que nos remetem à infância ao mesmo tempo em que perguntam sobre nosso lugar no mundo. Um mundo de homens e mulheres solitários que se maquiam, se transformam e criam performances para si e para os outros.

O poeta, em cada canto desse circo que é o mundo, planta no tempo sementes, palavras que podem abrir nossos corações.

João Marcelo Monzani
Professor Doutor de Literatura Japonesa na UFRJ.

Chegou o circo
A pequena cidade
sai do marasmo...
Nas ruas o palhaço diz
ser o maior show do mundo.

懐かしや
故郷に似たる
村やさし
ピエロは叫ぶ
サーカス来たり

No céu, estrelas
Sob a lona do circo,
também há brilho...
O Universo se faz
bonecas *matrioskas*.

蒼穹も星も
サーカスの屋根
マトリスカの人形の
生まれて帰る
宇宙なり

Ao som dos clarins
e alegria de todos,
começa o show...
Bela e vulnerável,
a vida se expondo.

カリンは響き
楽しきは
素敵な命の表現の
始まる演技の
知らせなり

Obeso anão,
manco cavalo branco...
Do velho circo,
o tempo rói e destrói
o corpo e memória.

傀儡はいつも
びっこの白馬
時の跡さえ残さぬ夢を
崩さぬかぎりの
砂ほこりかな

O homem-bala
em espetacular voo...
Aplauso geral
No riso do palhaço,
a tristeza de sempre.

爆弾男の
楽しみは
揺れる拍手に笑顔のピエロ
いつも悲しや
涙をかくし

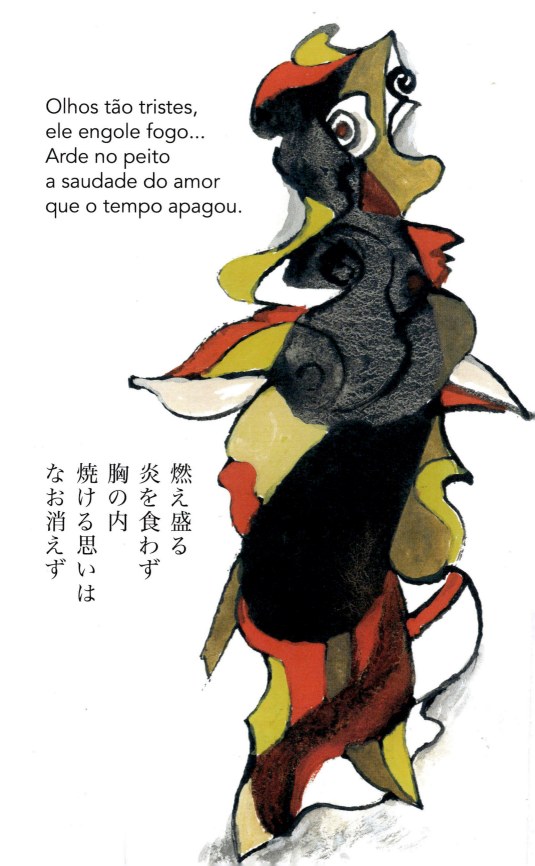

Olhos tão tristes,
ele engole fogo...
Arde no peito
a saudade do amor
que o tempo apagou.

燃え盛る
炎を食わず
胸の内
焼ける思いは
なお消えず

Não esperavam
que a morte, no globo,
tomasse forma
Sobre todas as cores
o sangue predomina.

死ぬことを
知らずに来たり
地の果てまでも
染めたる血しお
残る想い出

Não mais fingirei
Tiro a maquiagem
Palhaço se vai...
Circo ganha a estrada,
solidão permanece.

偽りの
化粧おとせば
いまはなし
旅のサーカス
淋しきさだめ

O circo sumiu,
lá pelos desvãos do tempo...
Cá, o palhaço
chora ao ver seu riso
em antigos retratos.

サーカスは
時の流れの彼方に見えず
古き自画像
笑顔で隠し
悲しきピエロの宙返り

Os trapezistas
imitam os pássaros...
O menino vê,
não a lona do circo,
somente brancas nuvens.

軽業師
空飛ぶ鳥に
童は観たり
青空高く
白き雲ゆく

Triste palhaço,
remendando a lona
do velho circo...
Tão só, também precisa
costurar seu coração.

ピエロ哀れや
古びた幕屋
繕いもせず痛む胸
癒やす傷跡
そっと夢みる

Enche os olhos
o corpo em contorções...
O que não se vê
é a alma do artista
contorcendo-se em dor.

見えないものを
見つけたり
魂の声
痛む
詩

No circo, fila
para comprar ingresso...
Mostram coragem
os meninos que entram
por um rasgo na lona.

繕わず
破れた幕屋は子供らの
期待の頸のみぎひだり
楽屋に潜む
魔物恐ろし

Decidiu pintar
a lona desse circo
com o arco-íris...
De fora não saberão
da solidão interior.

虹色の
隠して寒し
この晴れ舞台
秘めたる夢を
誰ぞ知る

Triste mágico,
amarga o fracasso
do truque maior...
Não fez desaparecer
sua própria solidão.

哀しや魔術
苦い思い出夢と消え
トリックなどは役立たず
さびしき思いを
消すこともなし

Um vento forte
faz a lona tremular...
Dentro do circo,
em todos, o encanto
logo vence o medo.

強風に
幕屋の中は
恐れて揺れる
サーカスの夢
風より
強し

Lona rasgada
As mais belas estrelas
são parte do show...
Em tudo, a sensação
de que tudo se esvai.

破れテントの穴悲し
見あげる星のきらめきか
花のうたげは
夢となり
消え去る闇の風の音

Dançam, bem juntos,
o *poodle* e o chimpanzé
O público ri...
Depois separados são
em diferentes jaulas.

踊るおどる
チンパンジーは哀れなり
見物人の笑いのあとは
それぞれ違う
檻に閉ざされ

No roto circo,
mundo perde a graça...
Depois dos risos,
todos se vão sem saber
da solidão do palhaço.

自問する
なぜか命を
笑顔に変えて
ピエロ悲しや
知らぬは鸚鵡

Falsos sorrisos...
Mesmo sendo o dono,
não crer no que diz...
A magia do circo,
há muito, esmaeceu.

苦笑い
サーカスの夢
綱渡り
しのぶ姿は
音と消えたり

Cor de carmim,
o nariz do palhaço
Sangra saudade...
A amada agora
e sempre no passado.

カーマイン
赤く染めたる
鼻懐かしく
過ぎたる昔
ゆめこころ

Farei pinturas
de sonhos e delírios...
Nada saberão
das cores e nuances
que terei dentro de mim.

絵に描けば
溶けたる夢は
ニュアンスと色
すべては空の夢のゆめ

Vem o mágico
e com um grande truque
faz o palhaço
abrir largo sorriso...
O público aplaude.

大魔術
トリック見せぬ早業に
ピエロの誘う大歓声
作られてなお
確大拍手

Causa espanto
ver a mulher barbada...
Ela, nem lembra
quando, de todo, perdeu
o medo do espelho.

時過ぎて
美人女優の
想い出は
曇る硝子の
鏡に映す

Chamas ardentes
destruíram o circo
Triste tarefa,
ainda sobre cinzas,
recomeçar a vida.

儚さや
時の彼方に知る悲しみを
炎は探る灰の中
生まれ変わるか
青春の夢

Sem nada saber
da alma do palhaço,
a plateia ri...
O macaco emite
tristes e estranhos sons.

知らず隠した
ピエロの夢は
猿まね見まね
客の笑顔と大拍手
異様に響く耳なりの音

Sobre fino fio
dançam corpo e alma
da equilibrista...
Tem graça e leveza,
a deusa do arame.

細綱に
踊る躰の魂の
渡る思いを支えたり
軽ろやかにして優雅なり
神に任せし命綱

Hora de partir
Desmontado o circo,
vem a tristeza...
Sensação de vazio
por tudo se espalha.

待つほどに
旅たつときは迫りたり
明日はいずこに風まかせ
雲に乗りたし
茜色

Entre as filas,
o vendedor de balas...
Ser um artista
e partir com o circo
é o sonho mais doce.

サーカスの
売り子の声に
忘れたる
甘き夢見て
列に並べり

O elefante
tem, mesmo quando dança,
um triste olhar...
Preso, nunca esquece
de quando era livre.

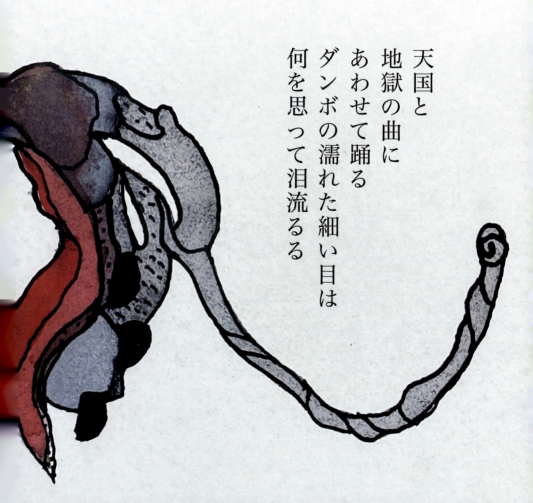

天国と
地獄の曲に
あわせて踊る
ダンボの濡れた細い目は
何を思って泪流るる

Eu sei, sou muitos
e cada rosto expõe
tantas pinturas...
No espelho, moldura
de concreta solidão.

水鏡
知らぬわが身を
応えて映す
化粧おとせば
確かなわたし

Triste domador
Perdeu-se na inveja
e morreu de rir
Doente, o palhaço
agora sofre bem mais.

猛獣使いの悲しみは
病んで死したる
人恨めしく
ピエロは今も
苦労する

Olhos vendados
O atirador de facas
é o seu amor...
Risco quando lâminas
riscam o espaço.

目隠しをして
刃に秘める
その思い
恐れる刃さきは
きらりと飛べり

Forte lembrança
dos circos da infância...
Tudo persiste
e artistas fantasmas
invadem os meus sonhos.

童心と
忘れがたきは
サーカスの
幼き頃の
夢幻なり

A meninada
seguindo os palhaços
em pernas de pau...
Simples e grandiosa,
a alegria se impõe.

娘らに
囲まれてゆくピエロ
竹け馬の高きに
遊び
ただ嬉し

Solidão maior
ao apagar as luzes
do seu camarim...
O palhaço, no escuro,
sonha em logo dormir.

深き孤独は
楽屋の灯り
消えた暗闇
ピエロは眠る
夢に彷徨う恋焦がれつつ

O acrobata,
em um mágico salto,
toca o teto...
Feliz, por um instante,
sentiu-se perto de Deus.

曲芸の
跳ねては空に
宙返り
神に近しと
思うひと時

Desprezam riscos
e, no globo da morte,
buscam a vida...
Ao lado, um pai tenso,
terço nas mãos, não quer ver.

死の影の
忍ぶ舞台に立ちすくむ
握るじゅず持ち
父
見てやらず

O velho leão,
sem forças para rugir...
Plateia vazia
O palhaço já não tem
motivo para sorrir.

ライオン爺さん
弱りて今宵
ピエロは描く
頰には泪
まるい赤鼻

Circo é casa,
simples lona abrigando
homens e bichos...
No apagar das luzes,
doces sonhos transbordam.

死も生も
歓び詠う
詩なれば
乱れる思い
支えて満てり

Triste imagem
do circo desmontado...
Seguir com ele,
sonhava o menino,
agora desolado.

悲しき夢の
サーカスは
崩れて消えた
夢なれど
ここに幸あれ人恋し

Corda se rompe,
cai aos pés do palhaço
a trapezista...
Morte e espanto
Riso pra sempre se foi.

綱渡り
ピエロの腕に
落死せり
歓声はいつもと同じ
拍手に消され

Cavalo branco
trota com elegância...
Por um instante,
a moça sonhadora
pensou ver seu príncipe.

またがりて
白馬恋しや
故郷の野に
ひずめの音も軽やかに
にわかに浮かぶ君の面影

Cidade sem luz
não rouba o encanto
do velho circo...
Magia mais intensa
ao som dos geradores.

街に灯りは消えてても
誰が盗むか
サーカスの
自家発電の
音は響けり

Dentro do circo
o guri, olhos fechados,
tem grande sonho...
Será um trapezista,
o encanto de todos.

目を閉じて
遠き宇宙を飛び越えて
幼き子供は夢を見る
サーカスで綱渡りする
夢を見る

Triste mágico
Truque para ser feliz
nunca descobriu...
Efêmeros aplausos
sustentam sua vida.

悲しき魔術師
幸せ作るトリックあれば
見つけて命
支えて見事
こと仕上げたり

O velho leão,
sem forças para rugir...
Plateia vazia
O palhaço já não tem
motivo para sorrir.

ライオンは
檻に閉ざされ
淋しとみたり
サバンナ恋しと
低く吠えたり

Somos um circo,
trem passando por aqui...
Sem qualquer truque,
que em seus trilhos fique
o brilho de uma vida.

私はサーカス
汽車は行く
知るや知らずや
光る線路の
平行線

Os malabares,
dançando no espaço,
lembram a vida...
Em seu sobe e desce,
encanto e perigo.

想い出の
ワルツに乗って踊りたし
化粧で隠す姿は哀し
ピエロの夢は
揺れるブランコ

Bela surpresa
Pelo rasgo da lona,
a lua se mostra...
Todo o circo ganha
um brilho mais intenso.

驚くは
幕屋の屋根の
破れたる
穴より漏れる
月の光の明るさ

Bêbado, quis ser
também equilibrista...
Quedas e risos
O palhaço disfarça
a inveja que sente.

酒に酔い
身を横たえて
泣き笑い
笑わば笑え
綱渡り

Raios e trovões
fazem do espetáculo
circo de horror...
O medo torna iguais
os bichos e os homens.

稲光り
雷音たかく響きたり
恐ろしき夢
獣と人の
怖さ楽しむ

Perdas e ganhos
Quando parte o circo,
volta o campo
Até o pôr do sol,
meninos jogam futebol.

勝ち負けも
夕焼けの空を紅くそめ
帰る子等達
きらきら光る
スポーツマン

Montam o circo,
reerguendo o sonho...
Que venha a noite
Nas luzes e aplausos,
alento do artista.

サーカスを
生きてみたいな
夢の夢
芸術の種
豊かに育て

O grande sonho...
Quem, da plateia terá
a trapezista?
Tudo é, no arame,
encanto e abismo.

大きな夢は
かなわぬものと
知りてなお
迷路のごとき
綱渡りかな

Triste palhaço,
sem o nariz vermelho,
vê no espelho
sua própria solidão...
Então, se mata de rir.

赤い鼻
鏡は見たり
淋しき君の
描いた涙と
笑う唇

Hábeis mágicos
exibem o irreal
Brilho nos olhos...
No circo, num instante,
nossa tristeza se vai.

魔術師の
光る瞳の輝きに
我が悲しみを
消し去るほどの
技を求める

Parte o circo...
A cidade se parte
É triste sentir
o prazer e o riso
já parte do passado.

かたずけて
旅ゆくサーカス
灯りを消して
笑顔懐かし
夢哀し

De cara limpa,
o palhaço lamenta
O amor se foi...
Circo vira abrigo
do fantasma-solidão.

素顔見つめる
ひとり悲しきピエロの詩は
愛する人はいま遠く
独り夢見る
幻の夜

Nenhum artista
do circo soube de mim...
Carrego todos
no bolso da memória
Criança permaneço.

アーチスト
誰も知らない
我がサーカスの
懐ふかく
隠す童心

Todos se foram
No circo, só silêncio...
Bichos e homens
dormem iluminados
pelas mesmas estrelas.

満天の
星の光に
照らされて
静かに眠る
安らぎの時

Impresso em São Paulo, SP, em julho de 2022,
com miolo em Couché fosco 150g/m², nas oficinas da Plenaprint.
Composto em Avenir, corpo 15,5 pt.

Não encontrando esta obra em livrarias,
solicite-a diretamente à editora.